I WANNA BE A
Unicorn

I WANNA BE A
Unicorn

I WANNA BE A
Unicorn

I WANNA BE A
Unicorn

I WANNA BE A
Unicorn

I WANNA BE A
Unicorn

I WANNA BE A
Unicorn

I WANNA BE A
Unicorn

I WANNA BE A
Unicorn

I WANNA BE A
Unicorn

I WANNA BE A
Unicorn

I WANNA BE A
Unicorn

I WANNA BE A
Unicorn

I WANNA BE A
Unicorn

I WANNA BE A
Unicorn

I WANNA BE A
Unicorn

I WANNA BE A
Unicorn

I WANNA BE A
Unicorn

I WANNA BE A Unicorn

I WANNA BE A
Unicorn

I WANNA BE A
Unicorn

I WANNA BE A
Unicorn

I WANNA BE A
Unicorn

I WANNA BE A
Unicorn

I WANNA BE A
Unicorn

I WANNA BE A
Unicorn

I WANNA BE A
Unicorn

I WANNA BE A
Unicorn

I WANNA BE A
Unicorn

I WANNA BE A
Unicorn

I WANNA BE A
Unicorn

I WANNA BE A
Unicorn

I WANNA BE A
Unicorn

I WANNA BE A
Unicorn

I WANNA BE A
Unicorn

I WANNA BE A
Unicorn

I WANNA BE A
Unicorn

I WANNA BE A
Unicorn

I WANNA BE A
Unicorn

I WANNA BE A
Unicorn

I WANNA BE A
Unicorn

I WANNA BE A
Unicorn

I WANNA BE A
Unicorn

I WANNA BE A Unicorn

I WANNA BE A
Unicorn

I WANNA BE A
Unicorn

I WANNA BE A
Unicorn

I WANNA BE A Unicorn

I WANNA BE A
Unicorn

I WANNA BE A
Unicorn

I WANNA BE A
Unicorn

I WANNA BE A
Unicorn

I WANNA BE A Unicorn

I WANNA BE A
Unicorn

I WANNA BE A
Unicorn

Made in the USA
Middletown, DE
25 January 2019